Merkblätter für Infanterie

Nr. 8

Hinweise

für den winterbeweglichen Einsatz

der Infanterie

Vom 8. 8. 1943

Oberkommando des Heeres
Gen.St.d.H./Gen.d.Inf.   H.Qu. OKH., den 8. August 1943.
II (Geb) – Nr. 1490/43

Vorliegendes Merkblatt enthält eine Zusammenstellung von Erfahrungen, die von Infanteriedivisionen über organisatorische und führungstechnische Fragen des winterbeweglichen Einsatzes an der Ostfront gesammelt wurden. Es soll der Infanterie als Hilfsmittel für die winterbewegliche Kampfführung dienen.

I. A.

H e r r l e i n.

Bibliografische Informationen der Deutschen Nationalbibliothek: Die Deutsche Nationalbibliothek verzeichnet diese Publikation in der Deutschen Nationalbibliografie; detaillierte bibliografische Daten sind im Internet über http://dnb.dnb.de abrufbar.

© 2021 Thomas Heise
Herstellung und Verlag:
BoD - Books on Demand, Norderstedt

ISBN: 978-3-7534-9569-9

Inhalt

A. Grundsätzliches

1. Die winterlichen Kampfverhältnisse im russischen Raum erfordern von jedem Verband und jeder Einheit sowohl der fechtenden Truppe als auch der Versorgungstruppe einen **höchstmöglichen Grad an Winterbeweglichkeit.** Die vorbereitenden Maßnahmen sind so rechtzeitig zu treffen, daß mit Einbruch des Winters sich der Übergang zur Winterbeweglichkeit ohne große Reibungen und Stockungen vollziehen kann.

2. Bei der meist begrenzten Ausstattung mit Ski- und Schlittengerät und der noch unzureichenden Skiausbildung aller Soldaten des Ostheeres kann die Forderung nach Winterbeweglichkeit nur durch Unterteilung der Verbände in **„Skitruppen"** und **„winterbewegliche Truppen"** erfüllt werden. Dabei richtet sich die Größe des aufzustellenden Skiverbandes vor allem nach der bei der Truppe vorhandenen Zahl an ausgebildeten Skiläufern.

3. Das Wesen der **„Skitruppe"** ist, daß sie im Hochwinter in der Lage ist, **in jedem Gelände unabhängig von befahrbaren Wegen aller Art mehrere (mindestens 3) Tage sich schnell zu bewegen und wendig zu kämpfen.**

Die Skitruppe soll also einen mindestens 3tägigen Bewegungskrieg unabhängig von Fahrzeugen (u. U. auch unabhängig von pferdebespannten Schlitten) führen können.

4. Das Wesen der **„winterbeweglichen Truppe"** ist, daß sie im Hochwinter in der Lage ist, **in Anlehnung an Winterwege möglichst kampfkräftig und leistungsfähig sich zu bewegen und wendig zu kämpfen.**

Hierzu müssen Teile der kämpfenden Truppe, wie Führer, Spähtrupps, Melder, vorgeschobene Beobachter der Artl. und Beobachter der schweren Waffen der Infanterie, einzelne Trupps der Nachrichtenstaffeln, Teile der Stäbe und der Kompanien, auch **skibeweglich** sein.

Die schweren Waffen, soweit sie nicht getragen oder mit Handschlitten gezogen werden können, die Artillerie und die Masse der Trosse bleiben meist wegegebunden.

Die Leistungsfähigkeit der Versorgungstruppen winterbeweglicher Verbände ist für die Erhaltung der Kampfkraft der fechtenden Truppe von entscheidender Bedeutung.

5. Die Forderung nach beweglicher Kampfführung setzt voraus, daß **Anzug und Ausrüstung dem besonderen Zweck und den jeweiligen Verhältnissen** entsprechen. Stets ist nur **die** Ausrüstung mitzuführen, die zur Erfüllung des Kampfauftrages erforderlich ist. Hierbei ist zu unterscheiden

a) **Fall A:** Einsatz von kurzer Dauer aus Stellungen und Stützpunkten, wobei der Kampf aus den zurückbleibenden Versorgungseinrichtungen der eingesetzten Truppe genährt werden kann und die Truppe selbst in ihre derzeitigen Stellungen und Stützpunkte wieder zurückkehrt. Für diesen Kampf kann die Truppe und besonders der einzelne Kämpfer gar nicht „leicht" genug sein. Der Kampf wird vornehmlich durch die Wendigkeit der Truppe entschieden.

b) **Fall B:** Einsatz von längerer Dauer und weiter abgesetzt von den derzeitigen Stellungen und Stützpunkten, wobei die Versorgungseinrichtungen und alle Nachschubdienste, die für die Nährung des Kampfes erforderlich sind, mitgenommen werden müssen. Auch hier gilt der Grundsatz, die Truppe und besonders wieder den Einzelkämpfer von allem zu entlasten, was für den bevorstehenden Einsatz nicht unbedingt kampf- und lebensnotwendig ist.

Die Forderung darf also **nicht** lauten:
Was kann ich alles mitnehmen?
sondern:

Was muß ich beim Anlegen eines strengen Maßstabes an kampf- und lebensnotwendiger Ausstattung mitnehmen, und was kann ich als entbehrlich zurücklassen?

6. Die **Belastung der einzelnen Mannes** einschließlich der angezogenen Bekleidung und Ausrüstung darf **20 kg** nicht überschreiten. Wer mehr mitschleppt, ist nur noch ein schwerfälliger Lastenträger und nicht mehr in der Lage, schnell und wendig zu kämpfen.

Bei größeren Unternehmungen von Skitruppen ist zusätzliche Bekleidung und Verpflegung, im Wäschebeutel verpackt und auf den Rucksack geschnallt, mitzuführen und vor Eintritt in das Gefecht in einem Rückhaltlager abzustellen.

Bei Eintritt in ein kurzes Gefecht kann das gesamte Rückengepäck auf den frei gemachten Akjas abgelegt und auf diesen später wieder zugeführt werden.

Für jeden einzelnen Mann muß eine **Normalausrüstung** festgelegt sein, die je nach Lage und Auftrag von Fall zu Fall zusätzlich ergänzt werden kann. (Anhalt hierfür siehe Anlage 1.)

7. Beim Marsch auf Skiern wird allgemein der Fehler gemacht, daß zu hastig und zu geräuschvoll gelaufen wird. **Nicht die Strecke tötet, sondern das Tempo!** Ruhig, stetig und sicher, lautlos, ohne Geschrei und Kommandos muß die Truppe durch das Gelände „ziehen" lernen.

Die Schnelligkeit der Skitruppe entspricht unter normalen Verhältnissen der Marschgeschwindigkeit der Infanterie im Sommer beim Vorgehen über freies Gelände. Höhere Geschwindigkeiten erreichen nur kleine Abteilungen, die aus besonders guten Läufern zusammengesetzt und in ihrer Beweglichkeit durch Handschlitten und hohes Gepäckgewicht nicht gehemmt sind.

8. Das **gelieferte Gerät,** die Bekleidung und Ausrüstung werden trotz aller ständigen Verbesserungen nicht für alle Verhältnisse genügen! Praktische Aushilfen der Truppe müssen den jeweiligen Anforderungen Rechnung tragen. Andererseits muß sich die Truppe daran gewöhnen, das gelieferte Gerät auch richtig und zweckmäßig einzusetzen. **Sie darf nicht für jede Waffe ein besonderes Fortbewegungsmittel mit Sonderaufbau fordern oder erfinden.** Nur Einfaches verspricht Erfolg, alle Künsteleien sind abwegig und truppenfremd.

Im allgemeinen haben die Erfahrungen gezeigt, daß die **landesübliche Modelle,** die für die besonderen Verhältnisse des Landes geschaffen und erprobt wurden, gerade wegen ihrer Einfachheit als Behelf der Truppe besonders geeignet sind.

B. Organisation

9. Jeder ski- und winterbewegliche Verband ist in eine **Kampfstaffel** und eine **Versorgungsstaffel** zu gliedern, um die Kämpfer in ihrem Bewegungstempo unabhängig von den Helfern zu machen.

Zur Kampfstaffel rechnen ausschließlich die für den Kampf mit der Waffe bestimmten Angehörigen des betr. Verbandes. Alle übrigen nur als Helfer im Kampf verwendeten Leute, die als Träger oder mittels Kraftwagen und Schlitten Munition, Verpflegung, Unterkunftsgerät usw. den Kämpfern zuführen, werden in Versorgungsstaffeln zusammengefaßt. Damit bleiben die Kämpfer in ihrer Bewegungsfreiheit unabhängig von den meist schwerer beweglichen Helfern.

Bei kleinen Abteilungen, wie Spähtrupps, Stoßtrupps und Jagdkommandos, die ihren Kampf- und Lebensbedarf für einen oder mehrere Tage mitführen können, erübrigt sich die Trennung in Kampf- und Versorgungsstaffel. Sie führen ihren Auftrag meist als geschlossene Kampfeinheit durch.

10. Gliederung der Skitruppe.

Die Aufstellung von Skitruppen erfolgt im allgemeinen auf dem Kommandoweg. Anhalt hierfür geben die Anlagen 8, 9 und 10 des Merkblattes 25a/19 „Vorläufige Richtlinien für die Ausbildung und den Kampf von Skitruppen". In allen Fällen ist es besser, sich mit kleinen, leistungsfähigen Skiabteilungen zu begnügen, als große Verbände mit skiläuferisch ungenügend ausgebildeten Leuten aufzustellen, die den besonderen Anforderungen einer Skitruppe nicht gewachsen sind.

a) Die **Skikompanie** ist zweckmäßig in **2 Kampfzüge** und **1 Jagdzug** zu gliedern. Der **Jagdzug** ist nur mit guten Skiläufern zu besetzen und ausstattungsmäßig besonders leicht und beweglich zu machen. Solange es der Stand der skiläuferischen Ausbildung noch nicht zuläßt, bei jeder Kompanie einen eigenen Jagdzug aufzustellen, kann dieser vorläufig innerhalb des Ski-Btls. als Btls.-Jagdzug aufgestellt werden.

Die Hauptaufgabe der Jagdzüge ist die Aufklärung. In Sonderfällen können die 3 Jagdzüge eines Btls. zu einer besonders beweglichen Jagdkompanie zusammengefaßt und auch als schnell einsatzbereite Kampftruppe verwendet werden.

b) Bei der **schweren bzw. M.G.-Kompanie** hat sich die Aufstellung eines zur Kampfstaffel des Ski-Btls. gehörenden **Trägerzuges** bewährt. Damit ist sichergestellt, daß beim Einsatz der schweren Waffen die zum Kampf erforderliche Munition rasch zur Hand ist und nicht erst viel später mit der Versorgungsstaffel herangeführt werden muß.

c) **Die Gefechtsfahrzeuge der Skitruppe sind die Akjas.** Sie dienen der Mitführung von Inf.-Waffen, Munition, Verpflegung und Zeltgerät sowie dem Abschub der Verwundeten. Ihrem Verwendungszweck entsprechend werden sie sowohl bei den Kampf- als auch bei den Versorgungsstaffeln mitgeführt.

Da die Mitführung von Akjas immer eine gewisse Behinderung in der Bewegungsfreiheit und in der Geschwindigkeit bedeutet, ist ihre Zahl bei der Kampfstaffel möglichst zu beschränken. Kleine Skiabteilungen (Spähtrupps, Stoßtrupps) werden auf Akjas meist ganz verzichten und das zum Kampf erforderliche Gerät als Traglast mit sich führen.

d) **Die Versorgungsstaffel des Skiverbandes** bringt, sei es auf Kfz., Schlitten, Tragtieren, Akjas oder mit Hilfe von Truppen zu Fuß oder auf Skiern, die für einen längeren Einsatz notwendigen Versorgungsgüter (in erster Linie Munition und Verpflegung) nach vorne und die Verwundeten zurück. Die Gliederung und Zusammensetzung der Versorgungsstaffel kann je nach Lage verschieden sein und muß jeweils besonders befohlen werden, wobei Nachschubstaffeln mit gleichen Transportmitteln (z.B. Kfz., Pferdeschlitten, Handschlitten, Träger) einheitlich zusammenzufassen sind.

Für den **geregelten Fluß der Versorgung** spielt die richtige Wahl der Nachschubstützpunkte und der Umschlagplätze eine entscheidende Rolle. (Siehe Merkblatt 25a/19 „Vorl. Richtlinien für die Ausbildung und den Kampf von Skitruppen" Ziffer 268-275.)

11. Gliederung der winterbeweglichen Truppen.

Bei den winterbeweglichen Truppen sind Eingriffe in die Kriegsgliederung der bestehenden Verbände, soweit sie nicht durch die Trennung der Kampf- und Versorgungsstaffeln bedingt sind, möglichst zu vermeiden.

Die schweren Inf.-Waffen (soweit sie nicht auf Handschlitten mitgeführt werden können), Panzerabwehrwaffen und Artillerie müssen durch Bereitstellen geeigneter Transportmittel (Kufen, Schlitten, Schlittenanhänger) und geeigneter Zugmittel (Pferde, Zgkw., R.S.O.) wenigstens so weit beweglich gehalten werden, daß sie in Anlehnung an vorhandene oder künstlich zu schaffende Winterwege den Kampf der Infanterie unterstützen können.

Eine Besonderheit winterbeweglicher Verbände ist **der sehr hohe Bedarf an Nachschubpersonal.** Er gestattet nicht, daß die fechtende Truppe zu Lasten der Trosse verstärkt wird, sondern es tritt häufig der umgekehrte Fall ein, daß aus der fechtenden Truppe Kräfte für den Nachschubdienst herausgezogen werden müssen, um den Lebens- und Kampfunterhalt nach vorn zu bringen. Daraus ergibt sich die Forderung, daß winter- und skibewegliche Verbände von vornherein mit Nachschubkräften reichlich ausgestattet sein müssen, um den an sie herantretenden Aufgaben gewachsen zu sein.

Auch die winterbewegliche Truppe kann auf **einzelne skibewegliche Teile** (s. Ziff. 4) **nicht verzichten.** Ihre Aufstellung erfolgt nach den für die Skitruppe geltenden Grundsätzen.

C. Waffen und Munition

12. Die Zahl der mitzuführenden Waffen richtet sich nach der Menge an Munition, die mitgeführt werden kann. Dabei gilt der Grundsatz: **Lieber weniger Waffen und viel Munition, als viel Waffen und wenig Munition.**

13. Bei kleinen Skiabteilungen, wie Jagdkommandos, Spähtrupps usw., kann durch Zusammenfassung vieler **leicht mitzuführender M.P. und Selbstladegewehre** eine erhebliche Steigerung der Feuerkraft erreicht und damit gegebenenfalls auf die Mitnahme von le.M.G. verzichtet werden.

14. Als Steilfeuerwaffe der Skikompanie kommt **nur der mittlere Granatwerfer in Frage.** Wenn das Mitführen aller m.Gr.W. mit genügend Munition Schwierigkeiten macht, sind lieber weniger Granatwerfer und dafür mehr Munition mitzuführen. In diesem Fall hat es sich bewährt, der Skikompanie einen Gr.W.-Zug zu 4 Gr.W. anzugliedern.

Der Mun.-Kasten für m.Gr.W. wird von der Skitruppe beim Einsatz nicht mitgeführt. (Gewicht 3,7 kg, also schwerer als 1.Gr.W.!) Die Granaten werden, soweit sie nicht in den neu eingeführten Pappbehältern verpackt sind (beste Lösung, Gewicht 250 g!), in Beutezeltbahnen oder Kleidungsstücke eingewickelt und auf Akjas oder im Rucksack bzw. auf Rückentragen mitgeführt.

15. An Stelle der le.Gr.W., deren Wirkung im tiefen Schnee gering ist, sind die **Gewehrgranatgeräte** mitzuführen. Ihr Einsatz hat sich auch im tiefen Schnee verhältnismäßig gut bewährt.

16. Auf die Mitführung von **Stielhandgranaten** kann trotz ihres höheren Gewichtes gegenüber der Eihandgranate nicht verzichtet werden, da sie auf dem Schnee liegenbleiben und nicht wie die Eihandgranate sofort versacken. Das Einsinken der Stielhandgranate im tiefen Schnee kann weitgehend verhindert werden, wenn zwischen Topf und Stiel der Handgranate **Pappringe** angebracht werden (Wirkung wie Schneeteller).

17. Die schweren **Panzerabwehrwaffen** können, auf Kufen (7,5-cm- und 5-cm-Pak) und Schlitten (3,7-cm-Pak) verlastet, im Pferdezug oder hinter Kraftfahrzeugen in der Regel nur auf gebahnten Straßen, in günstigen Fällen hinter Raupenschleppern abseits der Wege eingesetzt werden. Abseits der Straßen kommt den Panzervernichtungstrupps, die auch bei winterbeweglichen Verbänden mit Skiern auszurüsten sind, erhöhte Bedeutung zu.

Für die Skitruppe ist, abgesehen von zahlreichen auf Akjas verlasteten **Panzernahkampfmitteln**, wie Blendkörper, Hafthohlladung, Faustpatronen, T-Minen usw., das Gew.Granatgerät als Panzerabwehrwaffe besonders geeignet.

D. Bekleidung

18. Der Soldat kann seine **volle Leistung** nur dann entfalten, wenn er **richtig bekleidet** und geschult ist, in dieser Bekleidung zu marschieren und zu kämpfen. Die Truppe muß durch zweckmäßige Verteilung der Bekleidung je nach Verwendung, z.B. als Fahrer, Munitionsträger oder Kämpfer (siehe auch Ziff. 22), und durch sorgfältiges Verpassen der Bekleidungsstücke Sorge tragen, daß jeder das „Passende" trägt. Besonders wichtig ist, daß Jagdkommandos und Abteilungen, die mehrere Nächte im Freien biwakieren müssen, ohne daß sie von Versorgungsstaffeln Nachschub (Pelze, Decken und Zeltbahnen) erhalten, warm genug angezogen sind bzw. genügend wärmende Bekleidung mitführen. Pelze sind für die Ausstattung von Skitruppen, insbesondere Jagdkommandos, weniger geeignet, da sie verhältnismäßig schwer und unförmig sind und den Mann in der freien Bewegung hindern.

Der **Tragweise der Ausrüstung** kommt besondere Bedeutung zu. Sie ist durch die Einheitsführer in jedem Falle zu befehlen. (Anhalt hierfür siehe Anl. 1.)

Es darf nicht alles im Rückengepäck verlastet oder an das Koppel gehängt werden; jede Tasche der Feldbluse und der Winterbekleidung muß ausgenutzt werden.

19. Die größte Sorgfalt ist auf die **Fußbekleidung** zu legen. Die Schuhe müssen so groß sein, daß sie genügend Raum für mindestens 2 Paar Socken, besser 1 Paar Socken und 1 Paar Fußlappen, sowie Einlegesohlen oder Zeitungspapier bieten.

Zur Abdeckung von Schuhverschnürungen und um das Eindringen von Schnee zu verhindern, eignen sich alle Arten von Gamaschen, die auch bei Feuchtwerden den Fuß nicht abschnüren. Hohe Segeltuchgamaschen haben sich am besten bewährt und sind den Wickelgamaschen, vor allem selbst gefertigten, wenig elastischen Wickelgamaschen, vorzuziehen. Beim Tragen von Marsch- und Filzstiefeln durch zu Fuß marschierende Soldaten empfiehlt es sich, die Hosen **über** den Stiefeln zu tragen und unten zuzuschnüren, um dadurch ein Eindringen von Schnee in die Stiefel zu verhindern.

Die Ledersohlen der Filzstiefel können durch Aufnähen von kleinen Lederflecken oder Gummistückchen nach Art der Fußballschuhe griffiger gemacht werden.

20. Die neue **Winterbekleidung** erfüllt alle Bedingungen, die an eine Kampfbekleidung für die Skitruppe zu stellen sind. Es kommt jedoch auch hier darauf an, daß die Bekleidung nach der Körpergröße des einzelnen richtig verpaßt wird.

Um die **Weißtarnung** der Winterbekleidung möglichst lange zu erhalten und eine schnelle Verschmutzung zu vermeiden, ist der Anzug wenn er in der rückwärtigen Unterkunft benutzt werden muß, möglichst mit der grauen Seite nach außen zu tragen. Nötigenfalls kann die Weißtarnung durch Schlemmkreide behelfsmäßig wiederhergestellt werden.

Bei dauernder Bewegung und nicht zu großen Kältegraden ist die Feldbluse unter dem Winterkampfanzug auszuziehen und im Rucksack oder Tornister mitzuführen. Die Haube des Winterkampfanzuges und Pelzkappen sind nur bei sehr großen Kältegraden zu tragen, da sie dem Schützen das Hören stark erschweren. Bei nicht zu großen Kältegraden können die Ohren durch Wollschals oder Ohrenschützer und abwechslungsweises Herunterklappen von nur einer Klappe der Berg- oder Pelzmütze geschützt werden.

21. Die Unterbringung der beim Mann mitzuführenden **Kampfmittel** bedarf besonderer Sorgfalt. Eine zu starke Belastung des **Koppels** ist immer falsch, weil dadurch die Bauchatmung behindert wird. Desgleichen muß die Hose im Bund weit genug sein und nicht mit Gürtel, sondern mit Hosenträgern getragen werden, da sich jede Abschnürung und Belastung in der Hüftgegend besonders beim Skilauf nachteilig auf die Leistungsfähigkeit auswirkt.

Munition und Handgranaten werden zweckmäßig im umgehängten Brotbeutel mitgeführt. Die Patronentaschen können am Koppel weggelassen, eine Patronentasche kann in den beiden Ösen auf der Klappe des Brotbeutels festgeschnallt werden.

Pistolenträger tragen die Pistole zweckmäßig am Brotbeutelband.

Ein **Herumbaumeln des Brotbeutels, der Pistole oder Gasmaske** wird durch Überschnallen eines weiß gefärbten Schwungriemens oder leeren Koppels über das Brotbeutel- bzw. Gasmaskenband verhindert. In derselben Weise läßt sich auch ein Verschieben oder Schleudern des Rückengepäcks verhindern, wenn der Schwungriemen oder das leere Koppel durch die Rucksack- oder Tornisterriemen gezogen werden.

22. Als Anhalt für die **Aufteilung der Bekleidung** innerhalb einer Einheit gilt folgendes:

a) Die Kampfstaffeln ist vordringlich mit dem Winterkampfanzug, soweit dieser nicht vorhanden, mit genügend wollener Unterkleidung, Windhose und Windbluse oder Anorak auszustatten.

b) Die Versorgungsstaffeln und die marschierenden Teile der Trosse sind, soweit Winterkampfbekleidung nicht vorhanden ist, mit langen Tuchmänteln und Pelzwesten auszustatten.

c) Alle Fahrer vom Bock (Schlitten oder Kufenfahrzeuge) und alle Kraftfahrer sind mit langen Pelzmänteln und Überschuhen oder behelfsmäßigen Überschuhen auszustatten.

E. Ski- und Schlittengerät

23. Für die Skitruppe hat sich der leichte **Ski** als besonders zweckmäßig erwiesen. Skilängen siehe Merkblatt 25a/22 „Verk. Skiausbildung" Ziff. 73. Die Skispitzen sollen abgerundet und nicht zu stark aufgebogen sein, da sie sich sonst leicht im Gestrüpp verfangen; außerdem sollen in den Skinasen grundsätzlich Löcher zum Nachziehen der Skier angebracht sein.

24. Unter den **Skibindungen für den Flachlandskilauf** hat sich die neu eingeführte Heeres-Flachland-Skibindung (siehe Merkblatt 25a/22 „Verk. Skiausbildung" Anlage 1) am besten bewährt, da sie mit Hilfe des Sohlensteges für jede Schuhgröße paßt und außerdem ein schnelles An- und Ablegen der Skier im Gefecht gestattet. Notwendig ist, daß bei jeder Skiabteilung Hilfsriemen mitgeführt werden, um bei Bindungsbruch eine behelfsmäßige Befestigung der Skier an den Schuhen zu ermöglichen.

Um auch die Filzstiefel als Skistiefel für die Heeres-Flachland-Skibindung benutzen zu können, werden die Filzstiefel neuerer Fertigung mit Sohlensteg versehen.

25. Der **Pflege des Skigerätes** ist von seiten der Truppe erhöhte Aufmerksamkeit zu schenken. Jeder Skikämpfer muß sich darüber klar sein, daß von einwandfreiem Zustande des Gerätes **sein Leben abhängen kann.** Einzelheiten über die Pflege des Skigerätes siehe Merkblatt Nr. 25a/23 „Verkürzte Skiausbildung" Ziff. 72-91 und Merkblatt Nr. 25a/19 „Vorläufige Richtlinien für Ausbildung und Kampf von Skitruppen" Anlage 7.

26. Als **Handschlitten** hat sich der **Akja,** insbesondere der Bootsakja, an allen Teilen der Ostfront am besten bewährt. Er ist das eigentliche „Gefechtsfahrzeug" der Skitruppe und bildet abseits von Wegen oft das einzige noch geeignete Transportmittel.

Für den Truppengebrauch ist eine planmäßige Ausbildung am Handschlitten unerläßlich. Ausbildungshinweise finden sich in dem Merkblatt 25a/19 „Vorläufige Richtlinien für Ausbildung und Kampf von Skitruppen" Ziff. 42-55.

27. Die richtige Auswahl und der zweckmäßige Einsatz von **Pferdeschlitten** hat sich für die Beweglichkeit von Skitruppen und winterbeweglichen Verbänden auch im Winter 1942/43 wiederum als entscheidend erwiesen. Der landesübliche Panjeschlitten und dessen Abarten bilden weiterhin für die Truppe auch bei reichlicher Ausstattung mit deutschen Heeresschlitten einen unentbehrlichen Behelf. Dabei ist zu beachten, daß die **Ursache der mitunter festgestellten schlechten Beweglichkeit** deutscher H.S. meist nicht in der mangelhaften Konstruktion oder im Material, sondern in der **unzweckmäßigen und übermäßigen Beladung** der Schlitten zu suchen ist. Ein grober Fehler liegt vor allem darin, die Hauptlast auf den Vorderteil des Schlittens zu legen, wodurch die Gleitfähigkeit und Wendigkeit stark beeinträchtigt wird. Demgegenüber ist ein **hinterlastig beladener Schlitten auch im tiefspurenden Schnee** verhältnismäßig leicht zu ziehen und sicher zu führen.

Im hügeligen Gelände muß der Bespannschlitten mit einer Bremsvorrichtung ausgestattet werden, die von der Truppe mittels Ketten oder dgl. auch behelfsmäßig hergestellt werden kann.

28. Die **Verwendung von Kufen** für pferdegezogene Gefechtsfahrzeuge ist nur bei kleinen Fahrzeugen auf gut instand gehaltenen Straßen und Wegen möglich. Im allgemeinen ist die Verlastung der Fahrzeuge auf Schlittengestellen der Kufenverwendung vorzuziehen. Dies gilt sowohl für schwere Waffen (Pak, le.J.G., s.Pz.B. 41 usw.) als auch für Protzfahrzeuge aller Art.

Verhältnismäßig gut hat sich jedoch die Kufenverwendung bei Fahrzeugen bewährt, die als Anhänger hinter pferdebespannten Schlitten oder hinter Gleiskettenfahrzeugen gezogen werden.

29. Bei nicht zu tiefem oder nicht zu stark verwehtem Schnee ist jedes **Gleiskettenfahrzeug,** sofern es über genügend Bodenfreiheit verfügt, für den Nachschub auch auf schlecht instand gehaltenen Straßen, z. T. sogar abseits der Wege, verwendbar. Räderfahrzeuge sind im Winter im allgemeinen nur auf instand gehaltenen Wegen zu verwenden.

Kraftfahrzeuge können je nach Geländegängigkeit auch als Zugmittel für Schlitten aller Art und Kufenfahrzeuge ausgenutzt werden.

Krafträder sind an gebahnte und gut unterhaltene Wege und Straßen gebunden. Die Verwendung von Fahrrädern scheidet im Winter meistens aus.

F. Unterkunfts-, Sanitäts-, Pionier- und Nachrichtengerät

30. Zelte sind für winterbewegliche Truppen, besonders für Skitruppen, ein **Kampfmittel gegen die Kälte.** Die Mitführung von heizbaren, zusammenlegbaren Stoffzelten hat sich bei allen größeren Unternehmungen als unbedingt erforderlich erwiesen. Sofern die hierfür besonders geeigneten Finnen- und Schwedenzelte nicht zur Verfügung stehen, werden die aus deutschen Zeltbahnen herstellbaren 16-Mann-Zelte (siehe Merkblatt 18a/17 „Taschenbuch für den Winterkrieg" Seite 76-79) mit gutem Erfolg benutzt. Im Waldgelände kann auf Mitführung eines Zeltofens verzichtet werden, wenn sich dort Gelegenheit bietet, kleine Holzfeuer, gedeckt gegen Feindsicht, anzumachen. Es wird hierdurch Gewicht und Transportraum gespart, der für Mitnahme von mehr Munition und Verpflegung zweckmäßiger verwandt werden kann.

31. Zur Zubereitung heißer Getränke und zum Aufwärmen fertiger Speisen haben sich die **Primus- und Spirituskocher** hervorragend bewährt. Sie sind für Jagdkommandos und Spähtrupps unentbehrlich. Das gleiche gilt auch hinsichtlich der Mitführung von Thermosflaschen (im allgemeinen für jede Gruppe eine Flasche zur Labung besonders erschöpfter und verwundeter Mannschaften).

32. Der **Verwundetenabschub** erfolgt am zweckmäßigsten auf Bootsakjas oder sonst geeigneten Handschlitten. Nach Abschluß des Gefechts sind zum Transport der Verwundeten, sofern das San.-Personal nicht ausreicht, auch Kämpfer einzusetzen und die zum Abtransport benötigte Zahl an Akjas für diesen Zweck frei zu machen. Wichtig ist, daß die Verwundeten rasch ihre erste ärztliche Hilfe finden und daß sie auf dem Transport gegen Kälteschäden geschützt werden.

Für den Verwundetentransport auf Handschlitten hat sich der Hundezug besonders bewährt.

33. **Pioniergerät:** Skitruppen und winterbewegliche Verbände, die sich abseits von Siedlungen bewegen und kämpfen müssen, sind zum Bau von Biwaks (siehe Merkblatt 18a/17 „Taschenbuch für den Winterkrieg" S. 67ff.) und zum Freimachen der Wege zusätzlich mit kleinen Beilen und Stichsägen auszurüsten. Wenn tiefes Eingraben in die Erde nach dem gegebenen Auftrag nicht in Frage kommt, sind die Kreuzhacken zurückzulassen.

Zum **Verminen** der Spuren, Anlegen von Sperren und dgl. (s. Merkblatt 25a/19 „Vorläufige Richtlinien für Ausbildung und Kampf von Skitruppen" Ziff. 200) können auch behelfsmäßig von der Truppe hergestellte Minen aus Bohr-Patronen oder Sprengkörpern 28 mit S-Minenzündern verwendet werden.

34. **Nachrichtengerät:**
Das Hauptnachrichtenmittel bei skibeweglichen Einsatz ist das Funkgerät, vor allem der Feldfunksprecher.

Das Tornisterfunkgerät wird, gegen Kälte geschützt, auf dem Akja mitgeführt. Hierzu ist es in Decken und Zeltbahnen einzuwickeln. Bei starker Kälte sind die Geräte durch Einlegen von Wärmebeuteln zu erwärmen. Ersatzmikrofone werden zweckmäßig in Rock- oder Hosentasche mitgeführt. Ersatzsammler, Trockenelemente und Batterien sind mit ausreichendem Kälteschutz zu versehen.

Anhalt für Normalausrüstung einer Skigruppe
bei 2-tägigem Einsatz

I. **Anzug und Ausrüstung des Mannes**

a) **Anzug**

1 Hemd

1 Unterhose

2 Paar Wollsocken (bzw. 1 Paar Socken, 1 Paar Fußlappen)

Einlegesohlen oder Zeitungspapier

Feldbluse

Berghose oder unten verschließbare lange Hose

Berg- oder Skistiefel mit Gamaschen oder Gelenkbinden

Winterkampfanzug

Bergmütze mit Tarnüberzug, Ohrenschützer **oder**
   Haube des Winterkampfanzuges

wollene Fingerhandschuhe oder
   Wollfäustlinge mit Schießfinger

Überziehfäustlinge (des Winterkampfanzuges).

b) **Tascheninhalt**

Frostschutzsalbe, Zeitungspapier

1 Lederschuhriemen oder Stück Schnur

1 Esbitkocher

Streichhölzer

2-4 Wärmebeutel

Taschentuch

Verbandpäckchen

Mundverpflegung (z.B. Ölsardinen, Schokolade)

30 Schuß s.s.i.L. (nur Gewehrträger)

1 Eihandgranate oder Gew.Granate

c) **im Brotbeutel**

Dolch oder feststehendes Messer

2 Stielhandgranaten

Magazintasche für M.Pi. mit 96 Schuß (nur M.Pi.-Träger)

Mundverpflegung (z.B. Brot, Wurst)

Am Brotbeutel aufgeschnallt (nur Gewehr-Träger)
1 Patr.Tasche mit 30 Schuß s.s.i.L.
Am Brotbeutel befestigt
Pistole (nur Pist.-Träger)
1 Magazintasche für M.Pi. mit 96 Schuß (nur M.Pi.-Träger)

d) **im Rucksack**
Reservehandschuhe
1 Reservehemd
2 Paar Reservesocken
Unterjacke (Wollschlüpfer)
Zeltbahn
Eiserne Portion
Spähtruppverpflegung für 2 Tage
Zeitungspapier
60 Schuß s.s.i.L. (Gewehr-Träger)
96 Schuß Pist.Mun. (M.Pi.-Träger)

II. **Ausrüstung der Gruppe, auf die einzelnen Leute verteilt**
Für 2 Mann: 1 Kerze und 1 Verbandzeuglicht
Für 3 Mann: 1 Thermosflasche
1 Kochgeschirr
1 Benzinkocher
2 Gew.-Reinigungsgeräte
2 Ersatz-Skispitzen
2 Reserve-Bindungen
2 Stichsägen
2 Klauenbeile oder Handäxte
1 Reparaturbeutel
1 Klapplaterne
1 Leuchtpistole mit Leuchtpatr. nach Bedarf

III. **Sonderausrüstung**

a)	Gruppenführer:	Fernglas	Karte
		Marschkompaß	Schreibzeug
		Taschenlampe	Meldeblock
b)	stellv. Gr.Fhr.:	Marschkompaß	
		Schreibzeug	

IV. Waffen und Munition

a) je Gew.-Träger:

1 Karabiner mit	5 Schuß
in den Taschen	30 Schuß
am Brotbeutel	30 Schuß
im Rucksack	60 Schuß

2 Stielhandgranaten
1 Eihandgranate oder Gew.Granate

mindestens je Gruppe:
1 Zielfernrohrgewehr
1 Selbstladegewehr
1 Gewehrgranatgerät

b) je M.Pi.-Träger:

M.Pi.

am Brotbeutel	1 Magazintasche mit	96 Schuß
im Brotbeutel	1 Magazintasche mit	96 Schuß
im Rucksack		96 Schuß
		288 Schuß

2 Stielhandgranaten
1 Eihandgranate oder Gew.Granate

c) auf die Gruppe verteilt

1 le.M.G. mit der erforderlichen Munition. Trommeln sind den Kästen vorzuziehen!

Wenn der Auftrag die Mitnahme von le.M.G. voraussichtlich nicht erfordert, ist es zweckmäßig, diese zurückzulassen und dafür die Feuerkraft der Gruppe durch Mitnahme von mehr M.Pi., Zielfernrohrgewehren, Selbstladegewehren und Gewehrgranatgeräten zu verstärken. Hierdurch wird die Belastung der Gruppe wesentlich verringert und damit die Marschgeschwindigkeit erhöht.

V. Nur auf besondere Anordnung sind mitzunehmen:

Koppel	Haut- und Waffenentgiftungsmittel
Stahlhelm	2. Patronentasche
Gasmaske	Seitengewehr
Gasplane	Schanzzeug.

Anhalt
für Gliederung und Ausstattung
von ski- und winterbeweglichen Inf.-Verbänden

I. **Aufstellung und Gliederung von Skiverbänden**

 a) Von winterbeweglichen Inf.-Verbänden werden in der Regel als **vollskibeweglich aufgestellt:**
   bei Regiment 1 verst. Skikompanie,
   beim Bataillon 1 verst. Skizug.

  Bei allen übrigen Verbänden des Rgts. bzw. des Btls. werden nur einzelne Teile, wie Führer- und Meldeorgane, Spähtrupps, Nachrichtentrupps, Beobachter usw., mit Skiern ausgestattet.

 b) Für Aufklärungszwecke der Division kann sich die Aufstellung einer gemischten **skibeweglichen Aufklärungseinheit** als zweckmäßig erweisen. Hierzu sind dann in erster Linie die Aufklärungsabteilungen, Radfahrabteilungen, schnellen Abteilungen, Pionierbtle., Pz.Jäg.Abteilungen und Füs.Btle. heranzuziehen.

  In bestimmten Fällen können auch die Skikompanien der Regimenter zu einem **Skibataillon** zusammengefaßt werden. Dieses tritt dann als selbstständiger Verband unmittelbar unter den Befehl der Division.

 c) Die **Skikompanie** des Regiments behält im wesentlichen die Gliederung der Infanteriekompanie bei. Als vorteilhaft hat sich erwiesen, einen Zug der Kompanie mit ausgewählt guten Skiläufern zu besetzen und ihn ausstattungsmäßig besonders leicht beweglich zu halten. Er führt die Bezeichnung „Jagdzug".

  Zur Verstärkung der Feuerkraft wird der Skikompanie zweckmäßig 1 Zug m.Gr.W. zu 4 Werfern und 1 Gruppe s.M.G. zugeteilt.

 d) Der **Skizug** des Btls. richtet sich in Gliederung und Zusammensetzung nach dem jeweiligen Kampfauftrag. In der Regel ist er in eine oder mehrere Kampfgruppen zu gliedern und mit möglichst viel Maschinenwaffen (M.P., Selbstlader) sowie mit zahlreichen Nahkampfmitteln auszustatten. Bei selbständigem Einsatz kann seine Verstärkung durch 1 m.Gr.W. zweckmäßig sein.

Entsprechend dem Jagdzug bei der Skikompanie ist beim Skizug eine aus guten Skiläufern bestehende besonders leicht bewegliche „Jagdgruppe" zu bilden.

e) Die **Trosse** der Skiverbände sind je nach Bewegungsart in einzelne Versorgungsstaffeln umzugliedern. Danach wird unterschieden zwischen Kraftfahrstaffeln, Schlittenstaffeln, Handschlittenstaffeln, Hundeschlittenstaffeln, Trägerstaffeln usw. Die Zuteilung von besonderen Schneeräum- und Wegebahntrupps kann zweckmäßig sein.

Bei längeren Transportwegen sind die einzelnen Staffeln waffenmäßig derart auszurüsten, daß sie in der Lage sind, sich gegen feindliche Überfälle zu schützen.

Nähere Einzelheiten, insbesondere über die Errichtung von Stützpunkten, siehe Merkblatt 25a/19 „Vorläufige Richtlinien für die Ausbildung und Kampf von Skitruppen" Ziff. 268-275.

f) Bei Skiverbänden in Stärke einer Kompanie und darüber ist ein **Skiinstandsetzungstrupp** aufzustellen. Seine Stärke und seine Ausstattung richtet sich nach den anfallenden Arbeiten.

II. Gliederung von winterbeweglichen Verbänden

Bei winterbeweglichen Verbänden ist die Kriegsgliederung möglichst unverändert beizubehalten.

Von besonderer Bedeutung ist die Sicherstellung der Beweglichkeit der schweren Waffen und der Nachschubdienste. Die vorhandenen Möglichkeiten sind hierzu restlos auszunutzen. Schwerpunktmäßiger Einsatz der Nachschubkräfte (Personal und Material) unter vorübergehender Entblößung anderer Teile kann sich in dringenden Lagen als zweckmäßig erweisen.

Die Trosse sind in gleicher Weise wie bei Skiverbänden entsprechend der Bewegungsart zu gliedern.

III. Zusätzliche Winterausstattung

a) für Skiverbände:

1. Bei den Skiverbänden ist mindestens jeder Mann der Kampf-staffel mit **Skiern** auszustatten. Wenn weiteres Gerät vor-handen, dann sind auch die unmittelbaren Helfer des Kampfes, wie Nachrichtenleute, Trägerstaffeln für schwere Waffen, Handschlittenzieher, Hilfskrankenträger usw., mit Skiern zu versehen.

   Im Einsatz ist bei jeder Skieinheit eine 10prozentige Reserve an Skigerät mitzuführen, dazu für je 10 Paar Skier 1 Repara-turbeutel mit Ersatzskispitze und Ersatzbindung.

2. Für Ausstattung mit **Schneereifen** kommen vordringlich die fußmarschierenden Leute der Versorgungsstaffeln, soweit nicht mit Skiern ausgestattet, in Betracht. Ferner sind möglichst bei jeder Gruppe einige Paar Schneereifen mitzuführen, die für die Handschlittenzieher und als Unterlage zum Schießen mit M.G. benötigt werden.

3. Die Zahl der mitzuführenden **Schneeteller** errechnet sich nach dem Istbestand an M.G., Richtgerät und Scherenfernrohren (für Zweibein und Dreifuß).

4. Als Mindestausstattung an **Handschlitten** sind für den Skizug 1 Waffenakja und 2 Bootsakja, für die Skikompanie 4 Waffen-akja und 8 Bootsakja vorgesehen. Neben dem Bedarf an Trans-portmitteln für schwere Waffen und Munition richtet sich die weitere Ausstattung nach den Zugmannschaften, die zur Be-förderung der Handschlitten frei gemacht werden können. Aus diesem Grunde ist die Zahl der bei den Kampfstaffeln mitzu-führenden Handschlitten möglichst zu beschränken. Dafür sind sie vermehrt bei den Nachschubdiensten einzusetzen, wo sie, in Handschlittenstaffeln zusammengefaßt, der Versorgung der kämpfenden Truppe dienen.

5. An **Pferdeschlitten** sind bei der Skitruppe ausschließlich leichte, einspännige Schlitten zu verwenden, die auch abseits gebahn-ter Wege folgen können. Ihre Zahl richtet sich nach dem zu befördernden Nachschubgerät und dem Fassungsvermögen der einzelnen Schlitten.

Als Feldküche, die bei der Skitruppe noch mitgeführt werden kann, eignet sich nur die kleine Feldküche. Sie wird gemäß Merkblatt 18a/17 „Taschenbuch für den Winterkrieg" Seite 277 auf dem H.S.3 oder entsprechendem Schlittenmodell aufgebaut.

6. Hinweise über die Ausstattung mit sonstigem Gerät (Biwak, Koch-, Sanitätsgerät usw.) sind dem Merkblatt 25a/19 „Vorläufige Richtlinien für Ausbildung und Kampf von Skitruppen" Anlage 9 zu entnehmen.

b) **für winterbewegliche Verbände:**
Die Ausstattung der winterbeweglichen Verbände mit zusätzlichem Wintergerät ist durch die **Winterbeiblätter** zur K.A.N. festgelegt. Darüber hinaus muß jede Truppe alle Möglichkeiten zur Selbsthilfe ausschöpfen, um bereits bei Wintereinbruch einen möglichst hohen Grad an Winterbeweglichkeit zu erreichen. Das gilt insbesondere dann, wenn die Truppe aus Nachschubgründen mit der planmäßigen Ausstattung nicht rechtzeitig oder vollzählig versorgt werden kann.

Soweit die Verwendung des Gerätes eine **besondere Ausbildung** erforderlich macht, ist mit dieser frühzeitig zu beginnen. Hierbei kann zunächst eine gesonderte Aufteilung der vorhandenen Geräte nach den Erfordernissen der Ausbildung (Breitenarbeit) zweckmäßig sein.

Ist der Vorrat an verfügbarem Wintergerät beschränkt, so empfiehlt es sich, den vorhandenen Bestand nicht auf alle Truppenteile gleichmäßig aufzusplittern, sondern die Masse des Gerätes zur Verfügung zu halten, um es der Lage entsprechend im Bedarfsfall schwerpunktmäßig einsetzen zu können. Dies gilt insbesondere für Zugmittel und Transportraum.